Bibliografische Information der Deutschen Nationalbibliothek:

Die Deutsche Bibliothek verzeichnet diese Publikation in der Deutschen National-
bibliografie; detaillierte bibliografische Daten sind im Internet über http://dnb.d-
nb.de/ abrufbar.

Impressum:

Copyright © 2007 GRIN Verlag, Open Publishing GmbH
Druck und Bindung: Books on Demand GmbH, Norderstedt Germany
ISBN: 9783668599048

Dieses Buch bei GRIN:

https://www.grin.com/document/385133

Roland Wegscheider

**Edmund Husserl und die phänomenologische Betrach-
tung von Grundthemen der Philosophie. Seele und
Außenwelt**

GRIN Verlag

GRIN - Your knowledge has value

Der GRIN Verlag publiziert seit 1998 wissenschaftliche Arbeiten von Studenten, Hochschullehrern und anderen Akademikern als eBook und gedrucktes Buch. Die Verlagswebsite www.grin.com ist die ideale Plattform zur Veröffentlichung von Hausarbeiten, Abschlussarbeiten, wissenschaftlichen Aufsätzen, Dissertationen und Fachbüchern.

Besuchen Sie uns im Internet:

http://www.grin.com/

http://www.facebook.com/grincom

http://www.twitter.com/grin_com

Hochschule für Philosophie
Kaulbachstr. 31
80801 München

**Proseminar „Edmund Husserl und die phänomenologische
Betrachtung der Grundthemen der Philosophie"**

Seele und Aussenwelt

Von: Roland Wegscheider
Wintersemester 2006/07

Inhaltsverzeichnis:

Seele und Aussenwelt

Einleitung

Das eigentliche Kernproblem der Philosophie besteht in der Frage wie sich die mentalen Zustände (Geist, Bewußtsein, Seele, Psyche) zu den physischen Zuständen (Körper, Gehirn, Leib) verhalten. Handelt es sich um zwei verschiedene Substanzen, oder sind sie letztlich eins und jeder Versuch einer Antwort wirft neue Fragen auf, etwa „Sind wir in unserem Denken und Wollen frei?", „kann der Geist auch ohne Körper existieren?", „können Computer auch einen Geist haben?". Es gibt viele Ansätze zu dem Problem, aber im folgenden will ich mich mit dem Thema aus der Sicht der Phänomenologie nach Husserl auseinandersetzen.

Die Welt und Ich

Natürliche Einstellung

Normalerweise sind wir mit unserer natürlichen Einstellung ausgelastet. Sie ist uns von Natur aus gegeben - die philosophische muß erst erarbeitet werden. Die objektivierende, Naturwissenschaft aber, erklärt die Welt der mathematisierten Gegenstände allein zur wahren Welt. Durch Schule und Ausbildung wird dieses Weltbild abgesichert und die natürliche Einstellung verändert. Diese hat aber keinen Bezug mehr zur subjektiv anschaulichen Lebenswelt, sie macht eine neutralisierte Welt zum Thema. Durch Experimente werden die Gegenstände systematisch befragt und die Erfahrung aus ihnen herausgenommen, der Spezialisierung ist Tür und Tor geöffnet. Ein Beispiel dafür sind in der Psychologie die Befragungen mit Fragebogen, wobei darin die Meinung des Untersuchers schon impliziert ist, oder „Intelligenztests". Wobei sich die Psychologen auch nicht ganz schlüssig sind was eigentlich Intelligenz ist.

Die natürliche Einstellung stellt sich heute gegen die Philosophie. Die Einzelwissenschaften haben sich emanzipiert, was das Resultat der Geschichte ist, die von den Wissenschaften geprägt wurde. Die Methodik der Einzelwissenschaft ist es die Erfahrung zu isolieren, die Theorie wird methodisiert, was aber nicht heißt, daß schon alles erforscht ist. Die Methodisierung bedeutet eine radikale Ablösung von allen Lebenssituationen. Husserl warnt davor, daß das böse Erwachen noch kommen wird, wenn die Nutzbarmachung der technischen Errungenschaften unheimliche Wirkung zeigt. Mit der Moderne verlieren die Wissenschaften so ihre Lebensbedeutsamkeit und dies führt zur Sinnkrise der Moderne.

In einem Vortrag 1935 vor dem Wiener Kulturbund setze Husserl den Grundstein der modernen Phänomenologie. Darin sagt er über die Krise der Modernen Wissenschaften: *„Damit fällt auch der Glaube an eine ‚absolute' Vernunft, aus der die Welt ihren Sinn hat, der Glaube an den Sinn der Geschichte, den Sinn des Menschentums, an seine Freiheit nämlich als Vermöglichkeit des Menschen, seinem individuellen und allgemeinen menschlichen Dasein vernünftigen Sinn zu verschaffen."* (1, S. 12)

Dies ist nicht nur Selbstmitleid der Philosophen sondern es betrifft alle Menschlichkeit in der Wissenschaft in der die Lebenswelt vergessen wird. Philosophie muß sich immer der Ortsbestimmung stellen und nach endgültiger Erkenntnis dessen streben was das Seiende ist. Begründen wollen, heißt sich verantwortlich zu fühlen und nichts gelten zu lassen was man nicht vollkommen erklären kann, aber da wir keine Wahrheit - bestenfalls Wahrscheinlichkeit - besitzen, sollten wir uns eines Urteils enthalten.

Im Kanon der alten Wissenschaften spiegelten sich alle Lebensbereiche wieder. Die Phänomenologie teilt die Grundhaltung der antiken Theoria, nämlich die Dinge zu sehen wie sie sind – vorurteilslos und zweckfrei – nicht danach was wir im Leben damit anfangen können. Das gelungene Leben (griech.: eudaimonia) ist eine dauerhafte zufrieden stellende Einstellung deren Grundlagen der Mensch mit seiner Lebensform selber in der Hand hat. Das gelingende Leben braucht Beständigkeit - jeder ist auf der Suche nach dem Guten, was bei Aristoteles noch nicht im moralischen Sinn wie heute verwendet wurde. Durch die Lebensführung ist Eudaimonia (Glück) gegeben. Gelingen setzt voraus, daß das Leben als Ganzes betrachtet wird und den Charakter eines Zieles hat - das Leben als zielgerichtetes Tun verstanden wird. Ein Tun, das auf ein Ziel, einen Zweck ausgerichtet ist. Ziel ist die Hervorbringung eines Werkes (Poesis –Hervorbringung, Herstellung), sei es ein Gebrauchsgegenstand, Kunstwerk oder eine gesellschaftliche Struktur in wünschenswerter Vollkommenheit. Das Werk besteht außerhalb des Tuns und es bleibt auch über den Tod des Vollbringers hinaus erhalten und deshalb ist es gelungen.

Leib-Seele Problem[1]

Die Seele in verschiedenen Kontexten

Altertum

Platon unterteilt die Seele in drei Teile
* Vernunftseele (logistikon) – Denken, Erkenntnis, Vernunft
* Affektseele (thmoeides) – Vertrauen, Zuneigung, Liebe, Angst, Hass, Neid
* Triebseele (epithymetikon) – Nahrungssuche, Sexualität, Schlafbedürfnis

Für Aristoteles ist die Seele eine Funktionsweise des Körpers, die so organisiert ist, daß sie Träger vitaler Funktionen sein kann. Form und Stoff sind bei endlichen Wesen immer eine Einheit. Die Attribute des Lebendigen sind für ihn
* Ernährungs- und Fortpflanzungsvermögen (incl. Pflanzen und Tiere),
* Wahrnehmungsvermögen,
* Denkfähigkeit (incl. Ein noch ehrwürdigeres Wesen)

Körper und Seele verhalten sich wie Materie und Form. Im Gegensatz zu Platon ist bei Aristoteles die Seele vergänglich. Aufgrund der Funktionsweise der Seele werden die moralischen und intellektuellen Seiten der Menschheit entwickelt. Bei ihm ist menschliches Denken nicht auf einen bloßen mechanisch-physischen Vorgang reduziert. Menschliches Wissen stützt sich auf die Beziehung zwischen dem menschlichen Verständnis und der Sinnerfahrung, entsprechend der späteren empirischen Auffassung. Er hat klar dargelegt, daß nichts im Denken existiert, was nicht schon vorher in den Sinnen existierte.

Judentum

Im Judentum ist die Seele entstanden, nachdem Gott in den Körper, der aus Erdreich geformt war, Lebensodem (Geist) eingehaucht hat. Die Seele ist also die Empfindung, die erst durch die Verbindung eines organischen Körpers mit Odem oder Geist (Lebenskraft) entsteht. Nach dem Tod ist die Seele nicht mehr vorhanden, da der Geist zu Gott zurückkehrt und der Körper zurück ins Erdreich. Keine Empfindung ist mehr möglich.

---

[1] Vgl. 4 aus wikipedia

Christentum

Im Christentum ist die Vorstellung einer unsterblichen Seele in den biblischen Texten direkt ableitbar (Matthäusevangelium 10,28). Was den Menschen belebt ist der „Geist", wörtlich der „Windhauch", der von außen kommt und dem Menschen eingeblasen wird. So spricht Paulus im Neuen Testament davon, daß wir jetzt einen „irdischen, natürlichen Leib" haben, in der Auferstehung aber einen „himmlischen, geistigen Leib" erhalten werden.

Erst durch die Rezeption des Platonismus, zunächst durch das hellenistische Judentum, dann im Christentum kommt die Idee einer unsterblichen Seele als Identitätsträger nach dem Tod auf. Sie wurde im orthodoxen und katholischen Christentum weiter entfaltet. Im zeitgenössischen Protestantismus wurde sie zum Teil aufgegeben zugunsten einer Ganztod-Hypothese.

Hinduismus

Nach hinduistischer Auffassung bestehen alle Lebewesen aus 3 unterschiedlichen Wirklichkeiten:
- Der sterblichen, physischen Hülle, dem stofflichen Körper
- Dem Atman, das Selbst, die ewige, unzerstörbare, innere Gestalt jedes Wesens
- Dem feinstofflichen Körper mit den folgenden Aspekten
   - Ahankara – sich als eine Person als Einheit fühlen und erleben
   - Citta – das rezeptive, passive Bewußtsein und Unterbewußtsein
   - Buddhi – Intelligenz, Vernunft
   - Manas – Denken, Fühlen, Wollen – Geist, Verstand

Buddhismus

Der Buddhismus kennt im Gegensatz zur hinduistischen Anschauung keinen unwandelbaren, unsterblichen und überpersonalen Wesenskern. Ausdrücklich im Kontrast zum hinduistischen Atman, gibt es dort den Begriff des Anatman, des „Nicht-Selbst". Die Vorstellung daß es ein Ich gibt ist demnach schon eine grundlegende Täuschung über das Wesen der Wirklichkeit. Was Menschen als ihr „Selbst" bezeichnen ist vielmehr ein ständig im Wandel begriffenes Zusammenspiel der fünf Daseinsgruppen:
- Materieller Körper mit seinen Sinnesorganen
- Empfindungen
- Wahrnehmung der Welt
- Geistesformationen (Interessen, Willensregungen, Sehnsüchte und Tatabsichten)
- Bewußtsein

Wie ein Wagen eine zusammengesetzte Wirklichkeit, bestehend aus seinen Einzelteilen ist, entsteht die Vorstellung eines Selbst aus dem Zusammenwirken dieser Daseinsgruppen.

Der Kreislauf der Geburten wird aufrechterhalten wie eine Flamme die an einer anderen entzündet wird. Das neue Wesen ist keine völlig andere Person als die ihr vorangegangene, weil jede Existenzform von ihrer voraufgehenden geprägt ist. Trotz des Fehlens einer Substanz zwischen den Existenzformen einer Widergeburtskette gilt es als möglich, sich der vielen Existenzen zu erinnern, die der derzeitigen vorausgingen.

Kant

Bei Kant ist die Existenz und Unsterblichkeit der Seele durch die Vernunft nicht beweisbar, sondern wie jede Frage nach dem Absoluten eine Glaubensfrage. Konsequentes moralisches Handeln ist laut Kant jedoch ohne einen Glauben an Gott und die Unsterblichkeit nicht möglich.

Dualistische Betrachtungsweisen

Die Sicherung von Erkenntniswahrheit hängt von dem Verfahren ab wie ich die Erkenntnisbedingungen ansetze. Die Methode ist akzeptabel wenn sie effektiv ist und zum Erfolg führt, wenn sie den Gegenstand veranlaßt mehr von sich zu zeigen als er das von sich aus täte.

Den Weg den Descartes zum Nachweis von Körper und Geist in seinen Meditationen beschreitet sieht so aus:

- Ich kann mir klar und deutlich vorstellen, daß Geist ohne Materie existiert.
- Was ich mir klar und deutlich vorstellen kann, ist zumindest prinzipiell möglich.
- Es ist also prinzipiell möglich, daß Geist und Materie existiert

Das heißt also daß Körper und Geist unabhängig voneinander in ihrem Wesen begriffen werden können. Mit der Möglichkeit der separaten Existenz von Geist und Körper sind die philosophischen Voraussetzungen für die Unsterblichkeit der Seele gegeben. „Damit hat Descartes faktisch eine Unterscheidung eingeführt, die für die Folgezeit von Wichtigkeit sein wird. Das Wesen des Ich besteht darin, ...Geist zu sein. Als Mensch hingegen bin ich eine aus Geist und Körper zusammengesetzte Einheit." (3, S. 58).

„Die radikale Entgegensetzung von Materie und Geist macht es für die nachfolgende Philosophie zu einem fundamentalen Problem, deren Einheit zu verstehen, die ja zumindest im Menschen offensichtlich da ist." (3, S. 64).

Occasionalismus

Descartes hat eine Interaktion zwischen Geist und Körper behauptet, aber nicht wirklich erklären können. Das Problem des Zusammenwirkens von Leib und Seele versuchen die Occasionalisten (Johann Clauberg, Louis de la Forge, Nicolas Malebranche, Arnold Geulincx) durch die Annahme zu lösen, daß Gott anläßlich (einer occasion) eines Bewußtseinsaktes die entsprechende körperliche Bewegung hervorruft und umgekehrt. Bei einigen Okkasionalisten findet man konsequenterweise auch die These, daß man beim Naturgeschehen keine Kausalität, sondern lediglich ein Nacheinander feststellen kann. Gott ist die einzige Ursache von allem was geschieht. Es gibt keinerlei Wirken von einem Geist auf einen Körper oder umgekehrt. Alle Wirkungen der Schöpfung verweisen auf Gott als ihre einzige Ursache, wobei er dem Prinzip der einfachen Wege folgt. (vgl. 3, S.66)

Monismus

Der Monismus behauptet, im Gegensatz zum Dualismus, daß es nur eine Substanz gibt. Mentales und physisches wären demnach Eigenschaften dieser einen Substanz. Eine solche Position wurde von Baruch Spinoza vertreten. Spinoza geht davon aus, daß das Wahre das Ganze ist. Mit Descartes teilt er die Grundeinteilung der Wirklichkeit in die Kategorien

- Substanz, was in sich ist und durch sich begriffen wird
- Attribute, was der Verstand an der Substanz erkennt
- Modi, Affektion der Substanz, was in einem anderen ist durch das es begriffen wird

Substanz und Attribute, der hervorbringenden Natur (natura naturans) machen die Wirklichkeit Gottes aus, während die Modi die Erscheinung, Ausprägung und Entfaltung der hervorgebrachten Natur (natura naturata) sind. Waren die denkende und die ausgedehnte Substanz für Descartes voneinander verschiedene Substanzen der geschaffenen Wirklichkeit, so gilt für Spinoza, daß Gott sowohl res cogitans als auch zugleich res extensa ist, da ihm beide Attribute gleichermaßen zukommen. (vgl. 5, S. 80)

Materialismus

Die These besagt, daß der Geist etwas Materielles sei. Diese Position hat aber das grundsätzliche Problem, daß der Geist Eigenschaften hat, die kein materieller Gegenstand besitzt. Der Materialismus kann folgende Einwände nicht erklären

Einwand Qualia

Viele mentale Zustände (Schmerz, Freude, Wut) haben die Eigenschaft, in bestimmter Weise erlebt zu werden. Das Wesentliche des mentalen Zustandes Schmerz z.B. ist ganz offensichtlich, daß es weh tut. Im neuronalen Ablauf deutet nichts auf Schmerzerleben hin. Die Vorgänge im Gehirn können nicht verständlich machen, warum sie mit entsprechendem Erlebnisgehalt ablaufen. Die Prozesse geschehen einfach ohne daß das Bewußtsein dabei eine Rolle spielt.

Einwand Intentionalität

Intentionalität heißt, daß mentale Zustände auf etwas gerichtet sind. Das kann sich als richtig oder falsch erweisen. Wenn jetzt Gedanken auf Naturprozesse reduziert werden sollen, so stellt sich die Frage nach richtig oder falsch des Prozesses. Das wäre sinnlos, denn Naturprozesse geschehen einfach.

Ich und die Welt

Wahrnehmung

Mit mehr oder weniger wachen Sinnen sammle ich Impulse der mich umgebenden Welt und stelle sie normalerweise nicht in Frage, genausowenig wie meinen Körper solange er gesund ist. Als Wahrnehmungsorgan fungiert mein ganzer Leib. Wahrnehmung ist ein Prozeß, bei dem alle Sinneseindrücke, die auf mich einwirken zu einem Gesamtbild zusammengefaßt werden. Ich habe meine Sinne: Mit dem Auge sehe ich; mit der Nase rieche ich; mit den Ohren höre ich. Ich reagiere auf Farben. Es ist mir bewußt, daß ich in einer Zeit lebe. Ich nehme meine Umgebung in der räumlichen Dimension wahr. Wo ich stehe bzw. mich befinde, bestimmt die Perspektive. Ich kann mir zwar eine andere Perspektive vorstellen, aber die nehme ich nicht wahr. Es gibt noch Raum der sich meiner Wahrnehmung entzieht. Mein Leib wird selbst nicht wahrgenommen wenn ich nicht meine Aufmerksamkeit auf ihn richte. Wenn ich etwas genauer wahrnehmen will muß ich mich auf die Dinge konzentrieren.

Die Wahrnehmung liefert uns den stofflichen Inhalt unseres Wissens, aber Erkenntnis wird sie erst, wenn sie mit Erinnertem verbunden wird. Mit Kant (KdrV) kann man sagen
· Gedanken ohne Inhalt sind leer
· Anschauungen ohne Begriffe sind blind

Ich habe Meinungen, Stimmungen und Emotionen über das, was ich mit meinen Sinnen wahrnehme und was es für mich bedeutet. Ich nehme dabei insbesondere meine eigene Person wahr. Wenn ich in Gesellschaft komme, bemerke ich die Stimmung und welchen Einfluß mein Erscheinen darauf hat.

Die Wahrnehmung, die wir momentan haben, ist uns direkt gegeben. Wir brauchen kein Wissen über die Theorien der Wahrnehmung um wahrzunehmen. Wir merken nichts von den Voraussetzungen die durch Erfahrung, Erziehung und Umwelt schon da sind. Unser Bewußtsein hat den Kontakt zur Umwelt über die Erscheinung. Wir können uns nur eine Vorstellung von den Dingen machen. Es ist die Erinnerung an die Tätigkeit des Abtastens mit unseren Sinnen die uns die Dinge bewußt werden läßt. Jeder Gegenstand den wir sehen, tasten, riechen, hören können weist auf eine unmittelbare Beziehung zu unserem Leib hin. Trotz der Selbstverständlichkeit von Wahrnehmung ist es nicht eindeutig was wir wahrnehmen. Die Relation zwischen Empfindung und Gegenstand bleibt unklar und wir sprechen immer von Erinnerung an eine Wahrnehmung. Die Empfindung ist da, aber ihr Verhältnis zum Gegenstand bleibt vage.

Zum Zustandekommen einer Wahrnehmung gehört
- · daß ein wirkliches Objekt vorhanden ist,
- · daß dieses einen Reiz auf unsere Sinnesorgane ausübt,
- · daß aus diesem Reiz eine Empfindung erwächst,
- · daß die Empfindung in bestimmter Form (Raum und Zeit) zum Bewußtsein kommt.

Im Naturwissenschaftlichen Modell wird der Gegenstand über das Auge wahrgenommen. Das Bild wird über den Sehnerv zum Gehirn transportiert und aus der gerade erlebten Perspektive mit einer Erinnerung an früher Wahrgenommenes „verrechnet". Dann kann man das Objekt benennen.
Bei dieser Vorstellung kommt der Name „Modell" ins Spiel, was besagt, daß es sich wieder um eine Theorie handelt. Es ist eine menschliche Konstruktion, eine Repräsentation der Beschreibung von Wahrnehmung, aber nicht die Wahrnehmung selbst. Es bedeutet, daß der Prozess, als Modell gezeichnet, gar nichts mit mir zu tun hat. Es wird nichts gesagt was ich erlebe während ich wahrnehme. Ich vollziehe die Leistung meines Körpers nicht wie das im naturwissenschaftlichen Modell dargestellt wird. Die Wahrnehmung meiner Wahrnehmung ist so eingeschränkt, daß ich das Modell an mir nicht finden kann. Es wird lediglich etwas über die physiologischen Vorgänge ausgesagt, das was der Wahrnehmung vorausgeht. Die Phänomenologie lehnt solche externen Erklärungen und Theorien der Wahrnehmung ab. Unbestritten ist aber, daß ein Objekt vorhanden sein muß.

Wenn man das Wesen der äußeren Wahrnehmung betrachtet stellt man eine Differenz zwischen dem, was aktual wahrgenommen wird (Aktualität) und dem, was gerade noch und gleich schon wahrgenommen sein wird (Potentialität) fest. Der Zusammenhang beider Momente ist nicht willkürlich. Das Anschauliche ist bloß eine Möglichkeit meines Erlebens. Diese Möglichkeit muß ich mir nicht über einen kognitiven Schluß oder einen expliziten Denkakt vergegenwärtigen, sondern sie ist meiner Wahrnehmung bewußt mitgegeben.

Die Trennung zwischen Aktualität (erfüllt) und Potentialität (leer) ist keine Trennung, die durch die Gegenstände hervorgerufen oder sonstwie erst per Schluß gefunden werden müßte. Sie ist eine Differenz meines bewußten Erlebens selbst. Der Wahrnehmungsprozeß bewegt sich immer in dieser Differenz. Es ist ein Prozeß von Fülle und Leere.

Evidenz

Die unmittelbare Evidenz unseres Denkens hat ihre Quelle in der unmittelbaren Wahrnehmung. Evidenz ist das Wahrheitskriterium für Aussagen die man nicht weiter zurückführen oder hinterfragen kann. Es sind Einsichten die man nicht beweisen kann denn wenn man beweisen will ob es sie gibt (oder nicht) setzt man schon Evidenz voraus. Subjektiv drückt sich Evidenz im Gefühl des Überzeugtseins aus. Die Gewißheit beruht auf der Sicherheit unseres logischen Denkprozesses. Sie kann nur durch Evidenz gewonnen werden die sich als Erkenntnis darbietet. Sachgehalte die bereitliegen weisen sich auf und bieten sich der geistigen Anschauung dar, so wie das Sonnenlicht Gegenstände sichtbar macht. Die menschliche Erkenntnis ist Vernehmbarkeit eines Sachgehalts.

Könnte Seiendes nicht Schein sein, nur Erscheinung die aussieht wie Seiendes, aber gar nicht ist, erscheint ohne selbst die Erscheinung zu sein? Auch die Täuschung ist eine Wahrnehmung, die sich später als falsch erweist, was sich ändert ist die Sinnhaftigkeit mit der die Aspekte der Wahrnehmung belegt sind. Die Sicherung der Erkenntniswahrheit hängt von dem Verfahren ab wie ich die Erkenntnisbedingungen ansetze. Die Methode des Zweifelns diente bei Descartes zur Absicherung der Realität. Husserl brachte den Zweifel ähnlich wie Descartes ins Spiel, nur bei Descartes dient er zum Beweis der Realität, bei Husserl wird diese ignoriert. Die Maxime der Phänomenologie ist „zurück zu den Sachen". Wahrheit erreichen wir nur apodiktisch –näherungsweise- nicht als adäquate, absolute Wahrheit.

Für Husserl müssen sich alle Wahrheiten und alle Bedeutungen in irgendeiner Form als sie selbst darstellen und sich selber geben. Alles, was selbst da ist heißt evident. Die Sachen müssen sich für uns, wenn wir sprachlich oder vorsprachlich Erkenntnis anstreben, an-schaulich erfüllen um wahr zu sein. Wir vermeinen etwas wenn wir es als etwas auffassen das so und so konstruiert ist. Ich muß es anschauen können, es muß mir selbst gegeben werden. So erfüllt sich das Vermeinen mit Bewußtsein und bleibt nicht leer. Das Gegebene ist leibhaftig, in Person anwesend und für mich ungehindert zugänglich.

Bei Vexierbildern ändert sich der Stoff unserer Wahrnehmung und wird erst durch die Intention in der einen oder anderen Form wahrgenommen - als real gemeint.

Für die Nominalisten, zu denen Descartes gehört, ist Begreifen ein bloßes Gedankenspiel ohne fundierende Realität. Sie lehnen die Existenz von Universalien ab. Sie sind Skeptiker und vertreten die Auffassung, dass Allgemeinbegriffe bloße Namen sind, die den realen Einzeldingen angeheftet werden. Die menschliche Erkenntnis ist vom Seienden abge-schnitten. Allgemeinbegriffe existieren deshalb nur durch unsere Erfahrungen. Das neuzeitliche Denken ist aus der nominalistischen Erkenntnis hervorgegangen.

Epochè

Da wir keine Wahrheit, bestenfalls Wahrscheinlichkeit besitzen, sollten wir uns eines Urteils über die Dinge enthalten. Die Enthaltung eines (Vor)Urteils über das Sein oder Nichtsein der Welt nennt Husserl mit einem Begriff der antiken Skepsis Epochè (Enthal-tung, Innehalten). Sie sind kein Urteil um das Seiende selbst zu begreifen. Das Verfahren der Epochè wird eingeführt, um die natürliche Einstellung verlassen zu können. Diese sorgt dafür, daß wir im Erfahrungsprozeß die ganze Zeit über implizit von einer Welt aus-gehen, die auch vorhanden ist und existiert. Alle theoretischen Annahmen, Hypothesen, tradiertes Wissen usw. über die Gegenstände sollen weggelassen werden. Deren Sein wird nur noch als Korrelat des Bewußtseins angenommen. Die Existenz der Objekte wird ausge-klammert, wenn es sie gibt, dann außerhalb des Bewußtseins.
Es geht in der Epochè nicht um die Frage, ob die Welt existiert oder nicht. Wir bezweifeln die Welt nicht, sondern werten sie um. Die natürliche Einstellung wird außer Aktion gesetzt, und um die Existenzfrage kümmere ich mich nicht. Die Existenz oder Nicht-existenz des Gegenstandes interessiert in der Epochè überhaupt nicht. Ich lasse solche Urteile beiseite und versuche nur das zu beschreiben, was sich zeigt. Damit wird unwichtig ob das Ding existiert oder nicht. Mit der Epochè verschließt sich auch alles andere Wissen, das wir von den Gegenständen haben können und wir sollen von diesem auch absolut

keinen Gebrauch machen. Dies soll nicht das Wissen negieren, sondern nur seine Geltung entkräften, es interessiert uns nicht. Die ganze wirklich vorgefundene Welt gilt uns nichts, sie soll ungeprüft, aber auch unbestritten eingeklammert werden.

Die transzendentale Phänomenologie interessiert sich nur für das Anschauliche, das allen anderen Geltungen vorausliegt. Was kommt muß erst phänomenologisch erfaßt werden, wir wissen es überhaupt noch nicht. Mit der Epoché wird nicht gefragt ob die Gegenstände wirklich da sind oder nicht, es wird nur gefragt – wie sie uns bewußt sind und sich **als** Andere zeigen. Damit merke ich, daß die Dinge nicht einfach da sind sondern immer nur **als** bewußte da sind. Sie können leer bewußt oder teilweise anschaulich sein, etwa in einer Erinnerung oder Erwartung. Mit der Epoché wird die Welt zum Phänomen, aber sie verschwindet nicht. Und genau um dieses geht es der Phänomenologie. Die Welt soll so, wie sie konkret erfahren wird, beschrieben werden.

Diese Erfahrung wiederum bezieht sich auf zwei Seiten: Einmal auf die Noësis (Bewußtseinsweise – glauben, wollen, hassen, lieben) und Noëma (Bewußtseinsinhalt – das Geglaubte, das Gewollte, usw.). In der noësis kann ein Gegenstand leer oder anschaulich bewußt sein.

Horizonte

Horizonte sind Verweisungszusammenhänge in denen künftige Möglichkeiten bereit liegen. Sie eröffnen sich durch handeln wodurch wieder neue Horizonte mit neuen Möglichkeiten erreicht werden. Handeln heißt also diese Möglichkeiten zu ergreifen. Jeder Vorgang ist eingebettet in ein Geflecht von Verweisungs- und Erfahrungsmöglichkeiten - bei Husserl Horizonte. Horizonte sind begrenzt (beim Kind, beim Fußballspieler, beim Studenten usw.) je, nachdem in welcher Rolle der Betrachter steckt. Ein Horizont kann sich erweitern oder in den nächsten übergehen. Am Ende gehören alle zusammen und sind eingebettet in einen einzigen Universalhorizont. Der Horizont aller Horizonte ist die Welt und an der ist die Philosophie interessiert. Die Einzelerfahrung bleibt eingebettet in einen Horizont, der sich immer wandelt und erweitert. Die Welt darf nicht als Gegenstand betrachtet werden, sondern sie wandelt sich ständig und eröffnet sich von Horizont zu Horizont. Dabei nähern wir uns der adäquaten (letzten) Wahrheit, dem Horizont aller Horizonte, immer jeweils nur ein Stück (apodiktisch) an ohne ihn je zu erreichen.

Der Bezug auf die Welt im vertrauten Leben ist mit dem Horizont der Erfahrung im Rücken kein Thema. In dem der Horizont die Aufmerksamkeit absorbiert, gerät er aus dem Blick. Manche Gegebenheiten bleiben im Schatten unserer Aufmerksamkeit. Eine Befangenheit macht uns für Sachen blind. Es gibt viele Betrachtungsweisen, aber keine ist alles, es ist eine apodiktische aber keine adäquate Wahrheit. Die adäquate Wahrheit ist die Welt, der Horizont aller Horizonte.

Bei der Reflexion über eine Erscheinung sehen wir immer nur bis zu einem Horizont. Im Austausch mit anderen z.B. im Streit geben wir Rechenschaft voreinander ab und erklären unseren Standpunkt. Ist der Meinungsaustausch erfolgreich, erweitert sich der Horizont und es eröffnen sich neue Möglichkeiten. Das Tragende sind die Relationen, wobei immer neue Bedeutungen kommen und sich uns erschließen. Die Horizonte hängen von unserem Handeln ab. Ein Ding kann jede Bedeutung annehmen. Aus Erfahrung wissen wir, daß vorhandene Unschärfen in der Betrachtung und Kommunikation Probleme und Auseinandersetzungen mit sich bringen können. Meinung ist gegen Meinung – ist das rot oder orange oder lila oder...oder.. , ist Verhalten ererbt oder erlernt...oder... Die Meinungen müssen gerechtfertigt werden und bei friedlichem Ausgang der Debatte eröffnet sich den Kontrahenten ein neuer Horizont als Sicht auf die Lage (philosophia perennis). Was ist richtig, wenn die Gesprächspartner nicht bereit sind sich Rechenschaft über ihre Meinung abzugeben?

Perspektiven stehen nicht beziehungslos zueinander. Der Gegenstand von dem wir glauben er zeige sich, ist nicht existent, sondern er verweist auf real erschließbare andere Möglichkeiten. Die Relationalität der Dinge mit der Wirklichkeit ist immer gebunden an die Haltung des Menschen der es so nennt.

Bei Platon sind die Ideen von Göttern in die Seele gegeben. In Platons Dialogen gibt es in der Welt der Doxa (Der Meinungen, die Einseitigkeit) und den Logos (die Vielheit). Philosophie ist in Griechenland aus dem Streit der Meinungen entstanden. Unsere Zivilisation lebt auch heute von Meinungen und nicht von Wahrheiten.

(Bsp.: Verkehrsampel im Urwald: Verschiedene Interpretationen sind möglich;
- Es ist eine Ampel, weil sie den Verkehr regeln soll <oder>
- Es ist sind bunte Lichter)

Jede Gegenständlichkeit hat einen Innen- und Außenhorizont, also eine Doppeldeutigkeit für die eigene Person (Bsp.: Student (Hochschule), Sohn (Eltern), Bürger (Staat)). Der innere Horizont ist direkt bezogen auf den Außenhorizont. Man sieht zwei Aspekte eines einzigen Horizonts.

Jeder Akt von Evidenz ist immer einseitig (partiell). Ich sehe nur eine Seite und die Betrachtung dieser Seite verweist auf mehr (Verweisungszusammenhang). So kann ich (theoretisch) über die apodiktischen Wahrheiten zur adäquaten Wahrheit kommen.

Horizonthaftigkeit der Erfahrungen.

Die Welt ist immer schon da, sie ist das altbekannteste. Ich bin mir einer Welt bewußt, ich erfahre sie durch sehen, hören tasten als natürliche Einstellung. Auch andere animalische Wesen, auch Menschen sind da. Alles Natürliche betrifft das Leben. Wir sind auf die Dinge der Welt gerichtet.
Was ist die Welt? Wir finden weder einen Gegenstand, noch ist uns die Welt als Totalität gegeben. Das Einzelne ist immer nur als Ausschnitt aus der Welt gegeben in der Weise der Mitgeltung. Das Einzelne in seiner Horizonthaftigkeit ist Weltausschnitt.

Wenn wir etwas verstehen wollen, müssen wir immer den Blick auf den Totalhorizont haben und in Frage stellen (philosophia perennis) aber es bedeutet nicht, daß man ein Resultat erreicht das für immer gilt.

Die Welt ist bodengebende Einheit für Einstimmigkeit und gehört zum Wesen unserer Erfahrung selbst. Sie ist uns schon immer vorgegeben und der Boden für alles Seiende. Jede Anschauung darauf ist das Resultat einer inneren Einstellung. Welt ist nicht schlechthin, sondern für ein Ich, sie ist ein Vermögen des Ichs. Ein reines Ich, ein Ich das ohne Welt sein könnte hat für Husserl keinen Sinn. Daraus entsteht Kultur als Erinnerung an Gesehenes, Gehörtes, Beurteiltes.

Verweisungen

An einer Täuschung oder einem Irrtum wird nicht gleich die Welt untergehen, weil wir das mit anderen Erfahrungen kompensieren können. Wir halten uns im Horizont der Horizonte auf. Die Welt ist das Korrelat philosophischer und natürlicher Einstellungen. Sie ist das Universum des Seienden - Horizont aller Horizonte - und Summe aller erfahrbaren Gegenstände und bleibt uns dennoch im Verborgenen.

Intentionalität

„Der .....Ausdruck für jenen Grundcharakter des Seins als Bewußtsein, als Erscheinung von etwas ist Intentionalität. In dem unreflektierten Bewußthaben irgendwelcher Gegenstände sind wir auf dies ,gerichtet', unsere ,intentio' geht auf sie hin."(2, S.198). Mit Intentionalität ist die Tatsache gemeint, daß unser Bewußtsein immer auf etwas ausgerichtet ist, also das Bewußtsein „von etwas" ist. Denken ist notwendig mit etwas Gedachten verbunden und nie ohne Gegenstand. Die Identifizierung von Gegenständen ist eine Aktivität. Diese gehört zum Erleben und nicht zum Gegenstand. Es handelt sich nicht um eine Beziehung zwischen einem psychologischen Vorkommnis - genannt Erlebnis - und einem anderen realen Dasein - genannt Gegenstand, denn in eigentümlicher Weise ist die Wahrnehmung ein beständiges Gemisch von Bekanntheit und Unbekanntheit, das auf neue mögliche Wahrnehmungen verweist. Im Wesen des Erlebnisses selbst liegt nicht nur, daß es, sondern auch wovon es Bewußtsein ist. Es teilt sich immer in einen aktuellen und einen potentielle Anteil dessen, was ich jetzt wahrnehme. Im Hintergrund gibt es ein ständiges potentielles Wahrnehmen, Erinnern oder Phantasieren. Der Erlebnisstrom kann nie aus lauter Aktualitäten bestehen. Die Einführung von Aktualität und Potentialität impliziert die Einführung der Zeitlichkeit.

Vom Bewußtsein ausgehend führt die Intention in die Welt hinaus. Dabei erfahren wir das Wesen der Welt und des Ichs. Im ersten Erfassen ist der Horizont anonym, er gibt sich erst zu erkennen, wenn wir in die Welt hinausgehen. Die alltägliche Wahrnehmung vollzieht sich dabei in einer nicht weiter hinterfragten alltäglichen Einstellung, die die Sinnhaftigkeit nicht in Frage stellt. Husserl geht davon aus, daß wir die Sinnhaftigkeit den Sachen beilegen. Es ist eine Wechselbeziehung zwischen den Vollzügen des Bewußtseins die sich auf einen Gegenstand beziehen und dem Gegenstand wie er diesen Vollzügen erscheint. Der Grundzug ist das Streben nach Evidenz.

Indem ich die Welt und die Dinge als objektiv intendiere (vermeine), erhalten sie ihre Unabhängigkeit von unserem Bewußtsein.
Intentionalität ist Rückschau und Vorwurf. Es läßt sich nicht voneinander trennen.

Husserl spricht von
- „noesis" – Bewußtseinsakt; glauben, wollen, hassen, lieben und
- „noema" – Bewußtseinsinhalte; das jeweils Geglaubte, Geliebte, Gehaßte und Geliebte

So ist z.B. das Noema die Wahrnehmung eines Baumes das „Baumwahrgenommene". Dieses unterscheidet sich fundamental von einem Baum, den man z.B. verbrennen kann, die Baumwahrnehmung aber nicht.

Die Gegenstände geben sich abgeschattet und nur aus einer Perspektive zu erkennen. Sie macht die Täuschung beim Vexierbild erst möglich. Intentionalität des Bewußtseins ist gewöhnlich verdeckt und anonym. Sie ist nicht schlechthin, sondern sie fungiert und zwar unerkannt. Wird sie aufgedeckt, wird sie befreit und ist gleichzeitig Rückschau und Vorwurf. Als Vorwurf durchtränkt von Erbschaften aus früheren Wahrnehmungen die in der aktuellen Wahrnehmung sedimentiert sind.

Reduktion

Jeder Gegenstand hat einen Sinn, den wir aber nicht kennen. Reduktion ist das entdecken dieses Sinns. Wir erfahren was sich zeigt als Seiendes und nicht die Verweisungs-zusammenhänge.

Im natürlichen Weltleben, in dem wir mit diesem und jenem beschäftigt sind, sind wir an den Dingen interessiert. Die fungierende Intentionalität kommt nicht vor, sie bleibt ano-nym. Wir müssen die fungierende Intentionalität mit der wir ein Sein sehen erst entdecken. Was für einen Sinn hat dieses Ding für mich?

Wir machen das Seiende zum Thema. Sein Sinn liegt immer schon darin die Verwirkli-chung der Möglichkeiten zu erkennen. Mit der philosophia perennis – immer weiter nach den Dingen fragen - beseelt von unserer Intentionalität - was sich darbietet und von Horizont zu Horizont vorwärts gehen bis zu der Totalität seiner Verweisung. Die Träger des Horizontes sind wir. Sinn und Gegenstand gehören zusammen. Es gibt keinen Sinn ohne Gegenstand und kein uninteressiertes Seiendes.

Wenn Sein immer Sinn hat und Denken nicht Sein ist, sondern die Relationalität auf der Suche nach Orientierung, stellt sich die Frage des Sinnes dieser Welt. In der natürlichen Einstellung findet man bestimmte Realität, aber noch nicht, wo die Wurzel des Sinnes war. Die Hauptaufgabe der Philosophie ist die Suche nach Orientierung in dieser Welt, wie wir im Einklang mit dieser Welt leben können. Wir suchen nach dem Gelingen unseres Lebens.

„Die phänomenologische Erfahrung in der methodischen Gestalt der phänomenologischen Reduktion ist die einzig echte ‚innere Erfahrung' im Sinne jeder wohlbegründeten psychologischen Wissenschaft." (2, S. 202) Das Wesen eines Objekts zeigt sich dem Betrachter nur durch eine unmittelbare Anschauung – es hat keinerlei metaphysischen Charakter. Husserl ist der Überzeugung, daß die letzte Rechtsquelle für jede vernünftige Aussage im Sehen selbst liegt; das Bewußtsein geht jeder Erklärung voraus. Die Wesens-erkenntnis ist für ihn deshalb die notwendige Einführung in die Erkenntnis der materiellen Welt; sie ist die Grundlage jeder Empirie. Die Phänomenologie will, indem sie auf unsere sichere Erfahrung zurückgreift, die Basis für zuverlässige Erkenntnis bilden.

Selbstentfremdung

Der Mensch wird unfertig geboren, er muß sich erst entwickeln und von Horizont zu Horizont wandern um sich die Welt zu erschließen. Jeder Mensch ist dazu bestimmt fremd zu sein in der Welt. Um diese Fremdheit zu überwinden versucht er sich anzupassen und je mehr er sich anpaßt um so fremder wird er gegenüber seiner ursprünglichen Kultur. Er übersteigt seine eigene Welt und ist damit seiner eigenen Kultur entwachsen. Damit ist gesagt, daß „Ich" Welterfahrung ist und vom Menschen Selbstentfremdung erfordert.

Die Welt ist universaler Boden der Vertrautheit, die wir finden indem wir uns als fremd erfahren. Die Welt meldet sich nur in Ausschnitten, sie gibt bekannt ohne selbst bekannt zu werden. Vertrautheit ist zugleich Fremde. Sich entfremden wollen ist der Motor der Leben-digkeit. Menschliches Schicksal ist es, entweder ein Fremder oder tot zu sein. Zufrieden da zu sein, wo man ist, nicht in die Welt hinauszugehen und seine Welt zu übersteigen bedeutet den Tod. Die Grundstruktur bleibt aber immer Ich + Welt, wenn ich welterfahrenes Leben bin, kann ich nicht allein bleiben.

Die Welt ist uns immer gegeben als Weltgeltung. Welt meldet sich in der Spannung der Gegebenheit und Nichtgegebenheit. Welt ist nicht schlechthin, sondern für ein Ich, sie ist ein Vermögen des Ichs. Ein reines Ich, ein Ich das ohne Welt sein könnte hat für Husserl keinen Sinn. Welterfahrendes Leben ist ein sich entziehen der Selbstentfremdung und Antizipation an die Welt.

Ausblick

Die Sicht der Phänomenologie auf die Welt sollte unserer gegenwärtigen Gesellschaft intensiver näher gebracht werden. Die Menschen leben in Gedankenlosigkeit dahin und legen sich immer mehr Fesseln auf. Die Gebäude der empirischen Wissenschaften okkupieren und blockieren das Bewußtsein fast vollständig. Es ist der Preis für das hinausgehen in die Welt auf der Suche nach neuen Horizonten. Zwar sind die Erfolge unbestreitbar, wir leben besser denn je auf der Welt, aber öffnet nicht jedes geklärte Detail ein Bündel von neuen Fragen? Irgendwann ist unser mentales Potential erschöpft und wir müssen uns geschlagen geben. Zwei zentrale Fragen, nämlich - wo ist der Anfang und warum ist alles so dimensioniert - werden wir ohnehin niemals beantworten können. Die Maxime – zurück zu den Sachen – bringt sicher mehr Gelassenheit und Erkenntnis in unser Leben.

Anhang

Husserls Leben und Werk[2]

Als zweiter Sohn einer jüdischen Tuchhändler-Familie in Prossnitz legte Husserl 1876 im nahen Olmütz seine Reifeprüfung ab. Gleich darauf nahm er in Leipzig das Studium der Astronomie, Mathematik, Physik und Philosophie u.a. bei Wilhelm Wundt auf, das er 1878 in Berlin bei den berühmten Mathematikern Karl Weierstrass und Leopold Kronecker fortsetzte. 1882 promovierte er in Wien bei dem Weierstrass-Schüler Leo Königsberger mit der Arbeit *Beiträge zur Variationsrechnung*. Nach philosophischen Studien bei Franz Brentano, von dem er entscheidend angeregt wurde, ging er 1886 nach Halle zu dem Brentano-Schüler Carl Stumpf. Bei diesem konnte er sich 1887 mit einer psychologisch/ mathematischen Arbeit *Über den Begriff der Zahl* habilitieren. In Halle war Husserl dann 14 Jahre lang als Privatdozent tätig. Hier verfaßte er sein frühes Hauptwerk das ihn bekannt machte. 1887, kurz vor seiner Eheschließung, ließ er sich in Wien zusammen mit seiner ebenfalls aus Prossnitz stammenden Verlobten Malvine Steinschneider evangelisch taufen.

Mit der *Philosophie der Arithmetik* (1891) erregte Husserl die kritische Aufmerksamkeit des Logikers Gottlob Frege. Mit Rücksicht auf dessen Psychologismuskritik stellte er bis zur Jahrhundertwende umfangreiche *Logische Untersuchungen* an, die zu seinem ersten Hauptwerk heranwuchsen und dem Zweiundvierzigjährigen 1901 einen Ruf nach Göttingen einbrachten (zunächst als außerordentlicher, ab 1906 ordentlicher Professor). Persönlich bekannt wurde er in der 15 Jahre währenden Göttinger Zeit unter anderem mit David Hilbert, Leonard Nelson, Wilhelm Dilthey, Max Scheler, Alexandre Koyré und Karl Jaspers sowie dem Dichter Hugo von Hofmannsthal.

1916 - Mitten im Ersten Weltkrieg, dem sein Sohn zum Opfer fiel - trat Husserl in Freiburg die Nachfolge des Neukantianers Heinrich Rickert an. Empfohlen hatte er sich für diese Berufung mit den *Ideen zu einer reinen Phänomenologie und phänomenologischen Philosophie* (1913). Im Kreis der frühen Schüler stieß die idealistische Wendung dieses zweiten Hauptwerks indes auf einiges Unverständnis. 1918 gründete er die *Freiburger phänomenologische Gesellschaft*. Seine erste Assistentin war die Jüdin und spätere katholische Ordensfrau Edith Stein; sie wurde 1919 von Martin Heidegger abgelöst, der zu Beginn des „Jahrhundertbuchs" *Sein und Zeit* (1927) seinen wichtigsten Lehrer mit den Worten würdigte:

> *Wenn die folgende Untersuchung einige Schritte vorwärts geht in der Erschließung der Sachen selbst, so dankt das der Verfasser in erster Linie Edmund Husserl, der den Verfasser während seiner Freiburger Lehrjahre durch eindringliche persönliche Leitung und durch freieste Überlassung unveröffentlichter Untersuchungen mit den verschiedensten Gebieten phänomenologischer Forschung vertraut machte.*

Heidegger war es auch, der 1928 Husserls Nachfolge in Freiburg antrat. Andere Husserl-Schüler waren Eugen Fink, Dietrich von Hildebrand, Ludwig Landgrebe, Adolf Reinach und Roman Ingarden.

---

[2] Siehe 5, aus wikipedia

Husserl unternahm in seinem letzten Lebensjahrzehnt etliche Vortragsreisen. Sie führten ihn nach Amsterdam, Paris, Frankfurt am Main, Berlin, Halle (Saale), Wien und Prag. Sein drittes Hauptwerk *Die Krisis der europäischen Wissenschaften und die transzendentale Phänomenologie* entstand. In dieser Spätphase stand der Begriff „Lebenswelt" im Zentrum, mit dem er noch einmal einen Neuansatz plant. Nun sieht er in der radikal objektivistischen Sicht der Naturwissenschaften den Grund für die Sinnkrise der Moderne, da sie den Bezug zum Leben verloren hat.

Der hoch geehrte Husserl (Universitäten von Paris, Prag, London, Boston) bekam in den letzten Jahren seines Lebens die Unmenschlichkeit des Nationalsozialismus zu spüren. Er wurde am 6. April 1933 durch badischen Erlaß unter Rektor Sauer beurlaubt. Während der kurzen Rektoratszeit seines Schülers Martin Heidegger an der Freiburger Universität, wurde dieser Erlass für die Beurlaubung Husserls am 20. Juli 1933 wieder aufgehoben. 1936 mußte der Siebenundsiebzigjährige aber noch den Entzug seiner Lehrbefugnis und weitere Schikanen erleben; so wurde das Ehepaar Husserl im Sommer 1937 aus der Freiburger Wohnung vertrieben. Die dort gelagerte stenographische Urfassung der Husserliana in Sicherheit zu bringen gelang 1939 in einer abenteuerlichen Aktion dem belgischen Franziskanerpater Herman Leo van Breda, der dann das Husserl-Archiv in Löwen gründete. Husserl starb am 27. April 1938; seine Asche wurde auf dem Friedhof im Freiburger Stadtteil Günterstal beigesetzt.

Literatur:

1. Husserl E., Die Krisis der europäischen Wissenschaften und die transzendentale Phänomenologie: eine Einleitung in die phänomenologische Philosophie, Meiner Verlag GmbH, Hamburg 1996
2. Husserl E., Die phänomenologische Methode, Ausgewählte Texte I, Reclams Universal-Bibliothek Nr. 8084, Stuttgart 2006
3. Coreth, E. und Schöndorf, H., Philosophie des 17. und 18. Jahrhunderts – 3.Auflage, Urban Taschenbücher, Bd. 352, Berlin, Köln 2000
4. http://de.wikipedia.org/wiki/Seele 26.02.2007
5. http://de.wikipedia.org/wiki/Edmund_Husserl 26.02.2007